W0396518

EMMANUEL LECAYE

# LE LIVRE DES FORMES

loulou & Cie
*l'école des loisirs*
11, rue de Sèvres, Paris 6e

LA LUNE

UNE BANANE

UN AVION

UN CŒUR

UN ÉLÉPHANT

UNE ÉTOILE

UNE FLEUR

UNE SERRURE

UNE ROBE

UNE CROIX

UN TRÈFLE

UNE FEUILLE

UNE PLUME

UN OVALE

UNE BOUCHE

UNE POIRE

UNE GUITARE

UN CARRÉ

UN CADEAU

UN CHÂTEAU

UN GÂTEAU

UN TRIANGLE

UNE MONTAGNE

UNE ROUTE

UN SERPENT

UN ROND

LE SOLEIL

UNE MÉDUSE

UNE MAIN